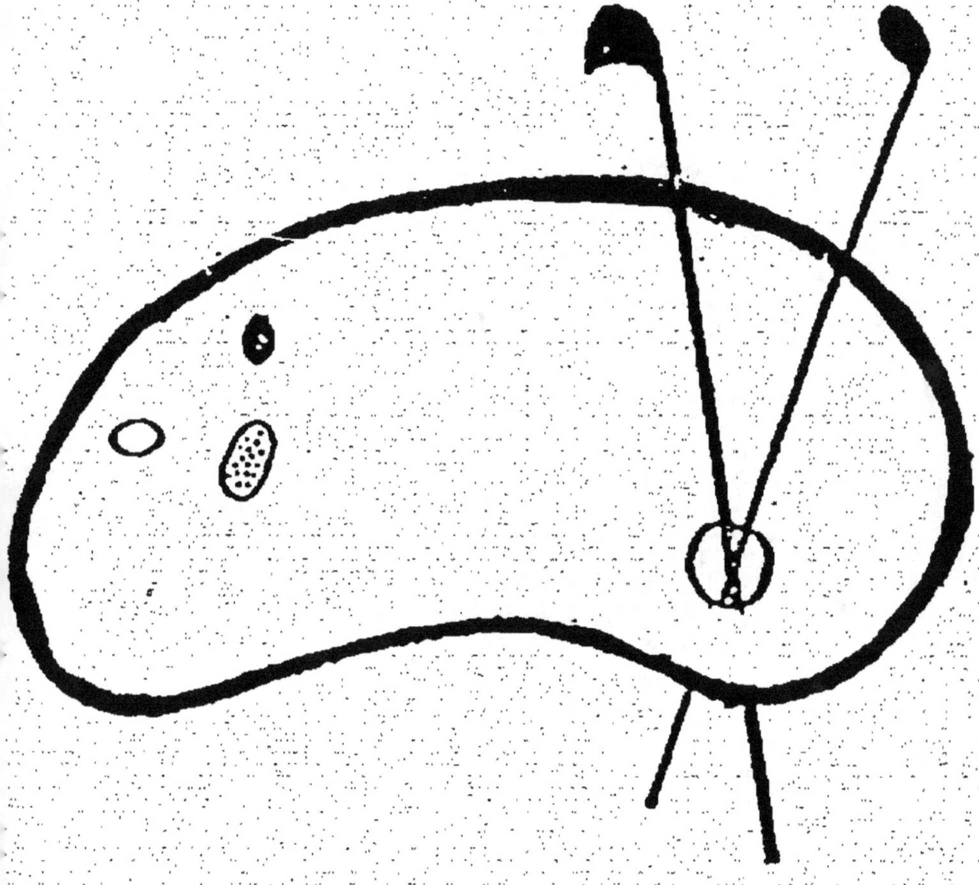

DEBUT D'UNE SERIE DE DOCUMENTS
EN COULEUR

Curiosités bibliographiques

CATÉCHISME
DES
GENS MARIÉS

A ROUEN
CHEZ J. LEMONNYER, LIBRAIRE

1880

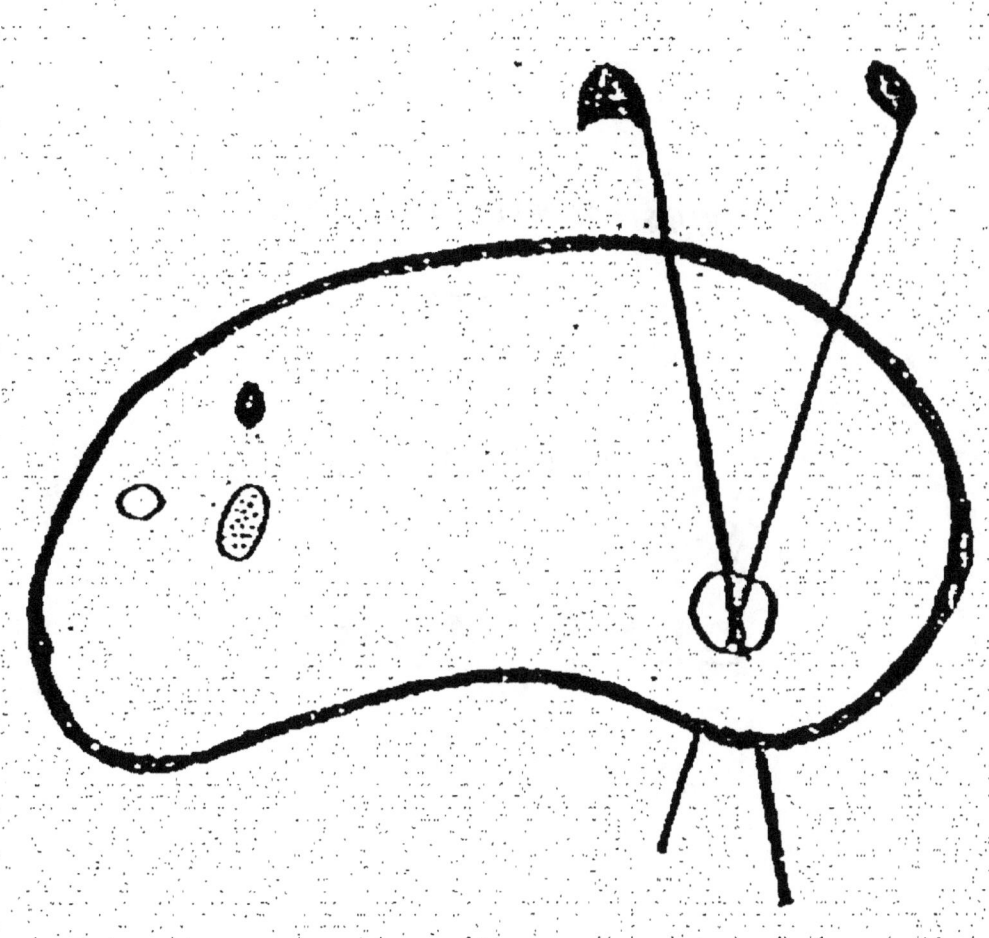

FIN D'UNE SERIE DE DOCUMENTS
EN COULEUR

CURIOSITÉS BIBLIOGRAPHIQUES

CATÉCHISME

DES

GENS MARIÉS

JUSTIFICATION DU TIRAGE

		Numéros.
10 exemplaires sur papier de couleur...	1 à 10
50 — sur papier whatman...	11 à 60
340 — sur beau papier vélin teinté.	61 à 400

N°

ÉVREUX, IMPRIMERIE DE CHARLES HÉRISSEY

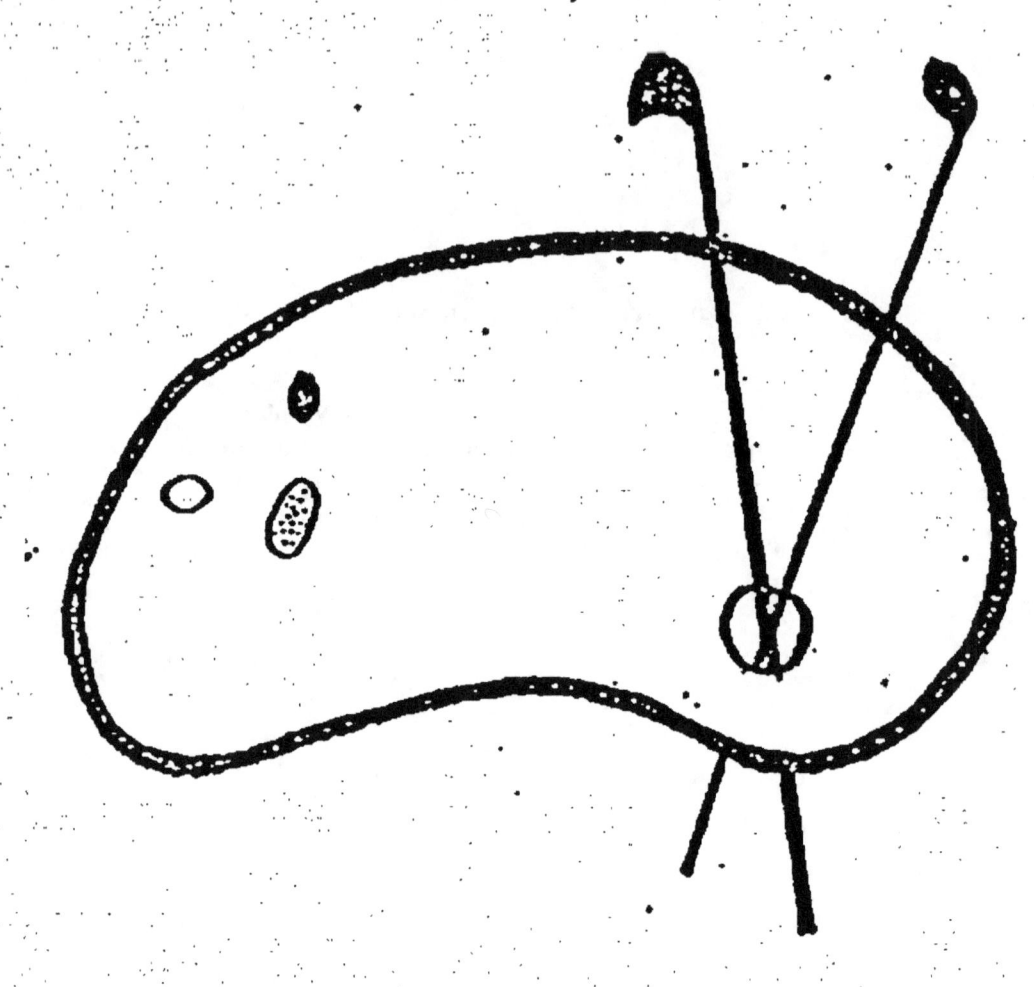

ORIGINAL EN COULEUR
NF Z 43-120-8

LE P. FÉLINE

CATÉCHISME

DES

GENS MARIÉS

RÉIMPRESSION TEXTUELLE

SUR L'ÉDITION ORIGINALE

ROUEN
CHEZ J. LEMONNYER, LIBRAIRE
Passage Saint-Herbland

1880

PRÉFACE

Le *Catéchisme des Gens mariés* ne peut manquer d'être critiqué. Son auteur ne peut se flatter d'éviter bien des reproches. En vain, pour se justifier, prétexteroit-il la pureté de ses intentions. En vain voudroit-il se prévaloir du zèle avec lequel il travaille au salut des ames dans les villes et dans les campagnes. En vain allégueroit-il que l'enseignement public qu'il a donné sur le sixième Commandement et sur le Mariage, n'a reçu que des éloges; rien ne pourroit lui épargner les imputations les plus injurieuses.

Il se contente donc de demander : 1°. si la critique d'un petit Ouvrage est toujours une preuve que son auteur a eu tort de l'entreprendre ?

2°. Si la censure d'une Brochure, faite par des gens sans aveu, a force de loi ?

Il en appelle au tribunal des personnes instruites, expérimentées, zélées pour la gloire de Dieu, le salut des ames et le bien de la société. Il en espère le jugement le plus favorable : et comment ne pas applaudir à une Instruction qui a pour but d'arrêter le cours d'une infinité de désordres également préjudiciables à la Religion et à l'État ? Elle paroîtra bien courte : c'est qu'on a voulu la rendre par-là plus utile, et que d'ailleurs on se lasse bientôt d'écrire sur ces sortes de matières.

CATÉCHISME
DES
GENS MARIÉS

LEÇON PREMIÈRE

Du Mariage

D. — Qu'est-ce que le Mariage?

R. — C'est un grand Sacrement, institué par Notre-Seigneur Jésus-Christ, et établi dans son Église pour la consommation des Élus.

D. — Pourquoi dites-vous que le Mariage est un grand Sacrement?

R. — Je le dis d'après l'Apôtre Saint Paul, qui nous fait entendre que l'union de l'homme et de la femme représente l'union de Jésus-Christ avec son Église.

D. — Que s'est proposé l'Apôtre, en nous donnant cette idée du Mariage, élevé à la dignité de Sacrement?

R. — Il a prétendu en inspirer beaucoup de respect à tous les Fidèles, et particulièrement aux personnes qui y sont engagées.

D. — Quelle est la manière de témoigner ce respect?

R. — Les époux doivent, 1°. conserver avec honneur le vase de leurs corps; 2°. ils doivent éviter avec un soin particulier tout ce qui pourrait souiller le lit nuptial; 3°. ils doivent parler, avec beaucoup de retenue et de modestie, de tout ce qui regarde leur état.

D. — Quel est le premier devoir des personnes nouvellement mariées?

R. — C'est de s'instruire (si elles ne le sont pas encore) des fins propres et particulières de l'état qu'elles ont embrassé.

LEÇON II

Des principales Fins de l'état du Mariage

D. — Quelles sont les principales fins de l'état du Mariage ?

R. — La première, est de donner des citoyens à l'État, des enfans à l'Église, des habitans au Ciel.

La seconde, est de procurer un remède à la concupiscence des conjoints.

La troisième, est de fournir des secours mutuels et réciproques, que chacun des époux ne pourroit se flatter de trouver en demeurant dans le célibat.

D. — Suffit-il de savoir par mémoire ces différentes fins de l'état du Mariage ?

R. — Non, il faut remplir exactement les devoirs qui y sont relatifs.

D. — Expliquez-nous ces devoirs.

R. — Le premier, et le plus important, c'est la génération des enfans.

D. — Que doivent faire les époux pour le remplir chrétiennement?

R. — 1°. Ils doivent se souvenir des droits réciproques qu'ils se sont donnés l'un à l'autre en se mariant : c'est-à-dire, que la femme a mis son corps dans la puissance du mari, et le mari le sien dans la puissance de sa femme, selon que l'Apôtre s'en explique.

2°. Il faut qu'ils se rendent mutuellement le devoir conjugal, à la première requisition qui en est faite de part ou d'autre, soit de vive voix, soit par des signes qui expriment suffisamment les desirs et le besoin, tels que peuvent être les recherches accompagnées de caresses de la part des femmes, auxquelles la pudeur et la modestie, qui leur sont plus naturelles, ne permettent guères de s'exprimer autrement, et qui, sans ce moyen, se trouveroient privées du remède à leur concupiscence, et exposées au péril de l'incontinence.

3°. Il faut que, dans l'action même du Mariage, les conjoints soient animés du désir d'engendrer; qu'ils fassent ce qui dépend d'eux pour y réussir; qu'ils surmontent, autant qu'il leur est possible, les difficultés qui peuvent se rencontrer; qu'ils supportent patiemment les peines et les douleurs qu'ils peuvent alors éprouver; qu'ils se rappellent que ces tribulations de la chair leur sont annoncées par l'Apôtre.

4°. Il faut enfin qu'ils évitent tout ce qui pourroit les empêcher de parvenir à cette première fin de l'état du Mariage.

LEÇON III

Des obstacles à la Génération

D. — Quels sont les obstacles les plus communs que les personnes mariées peuvent apporter à la génération des enfans?

R. — Ils sont en assez grand nombre. En voici quelques-uns de ceux auxquels on fait moins d'attention.

Le premier, est le commerce charnel trop souvent réitéré; c'est le cas dans lequel tombent plus ordinairement les jeunes personnes nouvellement mariées. C'est par-là que, sans le sçavoir, et quelquefois sans le vouloir, elles reculent de plusieurs semaines, de plusieurs mois, et même de plusieurs années, la première grossesse.

Le second, qui est beaucoup plus coupable, c'est lorsque le mari se permet, sans nécessité, d'introduire ses doigts dans le corps de son épouse, ce qui ne peut guères manquer de la faire tomber en pollution, et de lui faire répandre sa semence avant que l'action du Mariage s'accomplisse, qui devient ainsi inutile.

Le troisième, est l'usage immodéré des liqueurs, surtout spiritueuses, du café, etc. Le changement de la posture indiquée par la nature, peut aussi quelquefois empêcher la consommation de l'acte conjugal, et l'effet qu'il doit naturellement produire.

D. — Sont-celà les seuls obstacles que les époux puissent mettre à la génération ?

R. — Non, il en est encore de bien plus criminels, parce qu'ils sont et plus volontaires, et plus formels, et plus contraires à la voix de la nature et à la première fin du Mariage.

D. — Faites-nous-les connoître.

R. — Le premier vient de la trop grande complaisance des maris pour leurs femmes ; ils se rendent trop sensibles aux plaintes qu'elles leur adressent de tout ce qui leur en coûte pour mettre des enfans au monde. Ils ménagent leur excessive délicatesse, ils consentent à leur épargner cette peine, sans cependant renoncer au droit qu'ils croient avoir de se satisfaire.

Le second vient de la crainte qu'ont les femmes de se trouver trop tôt enceintes après leurs couches. Elles ne veulent pas faire tort aux enfans qu'elles allaitent. C'est le cas dans lequel se trouve un grand nombre de Nourrices.

Le troisième et le dernier, est l'Onanisme, auquel se rapportent les deux précédens.

D. — Qu'entendez-vous par ce mot qu'on entend prononcer si rarement ?

R. — J'entends le crime auquel Onam a donné son nom, et pour lequel l'Écriture nous apprend que le Seigneur le frappa de mort subite, parce que, dit-elle, il faisoit une chose détestable.

D. — Je ne comprends pas encore ce que vous voulez dire.

R. — Consultez vos Confesseurs ; priez-les de vous expliquer quel fut le crime de l'infâme Onam, et quel est celui des époux qui l'imitent. Tout ce que je puis vous dire ici, c'est qu'il est très-énorme et très-commun parmi les époux.

D. — Quand s'en rendent-ils coupables ?

R. — C'est surtout quand ils ne veulent pas avoir un grand nombre d'enfans, sans vouloir se priver du plaisir qu'ils goûtent dans l'usage du Mariage ; cette malheureuse disposition est commune aux riches et aux pauvres : leurs motifs sont différens, mais leur crime est le même. Rarement ils s'en accusent ; aussi est-il la cause funeste de la damnation d'un grand nombre.

LEÇON IV

Sur la Foi conjugale

D. —Qu'entendez-vous par la Foi conjugale?

R. —J'entends que les époux doivent, sous peine d'injustice et de péché mortel, se garder l'un à l'autre la fidélité qu'ils se sont promise au pied des autels, en présence de Jesus-Christ et des Anges du Ciel et de la terre.

D. — Suffit-il pour remplir cette obligation essentielle, d'éviter les derniers excès qui lui sont contraires?

R. — Non, il faut encore s'abstenir des regards passionnés, des attouchemens déshonnètes, des baisers lascifs, de certaines privautés, et généralement de tout ce qui peut blesser mortellement la chasteté conjugale.

D. — Est-il nécessaire que les personnes

qui se sont rendues coupables de quelqu'une de ces fautes, et qui s'en accusent, fassent connoître à leurs Confesseurs qu'elles sont mariées?

R. — Oui, parce que ces sortes de fautes participent à la malice et à la griéveté du péché d'adultère. Quiconque négligeroit d'accuser cette circonstance, feroit une Confession nulle et sacrilége.

D. — Est-il permis aux époux de penser et de se complaire en ce qui s'est passé, ou en ce qui doit se passer entre eux dans l'acte conjugal, lorsqu'ils ne sont pas dans l'occasion d'user du Mariage?

R. — Non : tout ce qui peut les exposer au péril de tomber dans l'incontinence, leur est très-expressément défendu.

D. — Les époux ne peuvent-ils point se rendre trop difficiles sur l'article de la fidélité inviolable qu'ils se doivent l'un à l'autre?

R. — Oui, et c'est quand ils se laissent aller à la jalousie.

D. — Cette jalousie est-elle un grand mal dans les personnes mariées ?

R. — Oui, c'est un péché contre la charité,

qui ne pense mal de personne. C'est la source d'une infinité de défiances, de soupçons injurieux, d'inquiétudes, de troubles, d'agitations, de procédés injustes. C'est la ruine de l'union, de la paix et de la tranquillité du lien conjugal.

D. — Que doit faire celui des conjoints qui s'apperçoit que l'autre est jaloux?

R. — Il doit éviter avec une attention scrupuleuse tout ce qui pourroit entretenir, fomenter ces sentimens de jalousie : il doit par conséquent veiller sur toutes ses démarches, sur ses paroles, sur ses actions; préférer la compagnie de la partie jalouse à celle de toute autre personne; lui témoigner beaucoup d'égards, prendre bien garde de lui faire des reproches sur ce sujet, affecter de ne pas s'apperçevoir de son foible; attendre en patience que le tems et la grace changent les dispositions de ce cœur injuste et jaloux.

D. — Les femmes qui se rendent trop difficiles à rendre le devoir conjugal à leurs maris, n'ont-elles rien à craindre de ce côté-là?

R. — Sans doute qu'elles ont beaucoup à se reprocher; elles doivent craindre qu'ils ne les soupçonnent de ne pas les aimer, parce qu'elles en aiment d'autres. Elles doivent craindre que leurs maris, injustement rebutés, ne portent ailleurs leurs désirs, leur affection; elles doivent se rappeller souvent que le défaut de complaisance dans les femmes pour leurs maris, est trop souvent la cause du libertinage auquel ils s'abandonnent, de la dissipation des biens, du mauvais ménage, d'une infinité de péchés en tout genre, dont elles se rendent comptables au tribunal du souverain Juge.

LEÇON V.

Sur le devoir des Femmes enceintes, et devenues meres.

D. — Quels sont les devoirs d'une femme enceinte, et devenue mere?

R. — Ils sont en grand nombre pendant sa grossesse et après ses couches. Ils sont très-importans; il ne lui est pas permis de les ignorer; il faut qu'elle les remplisse exactement.

D. — Dites-nous donc ce que doit faire une femme chrétienne, dès qu'elle s'apperçoit d'être enceinte.

R. — Elle doit remercier le Seigneur d'avoir béni son mariage en la rendant féconde; elle doit lui offrir le fruit qu'elle a conçu, le supplier instamment de lui conserver la vie qu'il lui a donnée, de lui procurer le bienfait inestimable de la grace du saint Baptême; elle ne doit rien négliger de tout ce que la religion et la piété peuvent lui inspirer pour obtenir cette précieuse faveur.

D. — Reste-t-il encore quelque chose à faire à une femme enceinte?

R. — Oui : il faut qu'elle évite, non seulement les travaux, les voyages, les divertissemens, les exercices trop violens et qui demanderoient des efforts qui pourroient lui occasionner une fausse-couche ; mais encore les dépits, les colères, les emportemens, les excès dans la nourriture ou dans la boisson, les abstinences, les jeûnes, les veilles, les craintes, tout, en un mot, ce qui pourroit préjudicier à son fruit.

D. — Peut-elle, après avoir fait tout ce qui vient d'être prescrit, se croire quitte et demeurer tranquille?

R. — Non : si elle prévoit qu'elle ne pourra elle-même nourrir son enfant, parce que sa santé, la foiblesse de sa complexion ne le lui permettent pas, elle doit penser de bonne heure à lui choisir une bonne nourrice. Ce soin est des plus importans, il est ordinairement trop négligé.

D.—Quel est le premier devoir d'une mere qui vient de mettre un enfant au monde?

R.—1°. Il faut qu'elle commence par rendre grace à Dieu de sa délivrance ; elle doit regarder son enfant comme un dépôt sacré que l'Etat, l'Eglise et le Ciel ont spécialement confié à sa garde; elle ne peut lui refuser la nourriture qui lui convient, si elle est en état de la lui fournir : la nature lui reprocheroit cette injustice; pour peu qu'elle ait de tendresse, pourroit-elle le voir d'un œil indifférent, arracher d'entre ses bras et conduire en exil? Voudroit-elle se rendre responsable des inconvéniens qui arrivent aux enfans qu'on met à nourrice.

2°. Elle doit avoir soin qu'on procure le plutôt possible, à son enfant, la grace de la régénération spirituelle : le choix du Parrain et de la Marraine ne doit pas lui être indifférent.

3°. Elle doit prendre les plus grandes précautions pour écarter tout ce qui pourroit nuire à la constitution et au tempérament de son enfant, et le rendre un membre inutile à la société.

D.—Quel est le second devoir d'une mere nourrice?

R. — Elle doit se souvenir qu'il ne lui est jamais permis, sous quelque prétexte que ce puisse être, de mettre son enfant à coucher avec elle, qu'il n'ait un an accompli, et la force que les enfans ont coutume d'avoir à cet âge; elle doit sçavoir qu'elle ne pourroit le faire sans se rendre coupable d'un péché si grief, que dans plusieurs Diocèses il est mis au nombre des cas réservés à l'Evêque : et c'est avec grande raison, puisque par-là les enfans courent toujours risque d'être étouffés. Hé! combien à qui ce malheur arrive? Mais quand il n'arriveroit pas, n'est-point toujours une faute griève pour une mere de s'exposer à procurer la mort de son propre enfant?

D. — Quel est le troisième devoir d'une mere à l'égard de ses enfans ?

R. — Elle ne doit point les mettre à coucher avec elle et son mari, dans le même lit, dès qu'ils ont atteint l'âge de quatre ou cinq ans, de peur de gâter leur imagination, si susceptible alors de séduction. Elle ne doit jamais permettre que ses garçons et ses filles, sous prétexte qu'ils sont encore enfans, couchent ensemble.

D. — Ces devoirs sont-ils tellement propres et particuliers aux meres, que leurs maris puissent se croire dispensés de les remplir ?

R. — Non : ils doivent concourir, autant qu'il est en eux, à leur parfait accomplissement ; ils doivent avertir, exhorter leurs épouses de s'y rendre fidelles ; ils doivent leur représenter les motifs les plus propres à les y déterminer ; ils pèchent plus ou moins grièvement, à proportion de la négligence qu'ils ont à le faire.

D. — Quel est le dernier et le plus essentiel des devoirs des peres et meres à l'égard de leurs enfans ?

R. — C'est de travailler de bonne heure à développer les germes précieux que la grace du saint Baptême a répandus dans leurs ames, à leur donner les premiers principes d'une éducation chrétienne, à cultiver leur esprit, à former leur cœur à la vertu, en leur inspirant une grande horreur pour le péché.

LEÇON VI

De la seconde Fin du Sacrement de Mariage

D. — Quelle est la seconde fin du Sacrement de Mariage?

R. — C'est de procurer aux époux un remède à leur concupiscence.

D. — Les époux peuvent-ils se permettre l'usage du Mariage, lorsqu'ils ne peuvent se flatter de parvenir à la génération, qui est la première fin de leur état?

R. — Oui, ils peuvent alors user du Mariage, comme d'un remède à leur concupiscence. L'Apôtre enseigne qu'il vaut mieux se marier que de brûler; il vaut également mieux user du Mariage, que de se laisser aller à l'incontinence.

D. — Une femme enceinte peut-elle rendre le devoir conjugal à son mari qui l'exige?

R. — Oui, et elle pécheroit si elle le lui

refusoit, sans autre raison que parce qu'elle est enceinte.

D.—N'est-il donc point à craindre que sa complaisance pour son mari ne devienne préjudiciable à son enfant ?

R. — Non ; les Médecins enseignent qu'il n'y a rien à risquer pour son fruit ; qu'il ne peut lui en arriver aucun mal.

D.—L'âge déjà avancé auquel une femme est parvenue, est-il une raison suffisante pour l'autoriser à refuser le devoir conjugal à son mari ?

R. — Non, le lien conjugal ne peut être dissous que par la mort ; tandis qu'il subsiste, le mari conserve son droit, et peut en user selon ses besoins et les règles de son état ; la femme pécheroit en refusant de s'y prêter.

D. — Une femme ne peut-elle point avoir des raisons suffisantes de refuser le devoir conjugal ?

R. — Elle peut en avoir ; mais elles sont beaucoup plus rares qu'on ne se l'imagine ordinairement.

D. — Quelles peuvent être ces raisons?

R. — En voici quelques-unes: la première, c'est l'impuissance de consommer le Mariage, jugée suffisante par un Confesseur instruit et prudent.

La seconde, seroit la crainte bien fondée de gagner une maladie très dangereuse par le commerce charnel.

La troisième, seroit l'infidélité d'un des conjoints, bien réelle et bien connue, et non pardonnée.

La quatrième, un excès également condamné au tribunal de la raison et de la Religion.

D. — Le péché véniel qu'un mari commettroit en usant de son droit, peut-il être un motif suffisant à la femme de le refuser?

R. — Non, parce qu'il seroit à craindre qu'en le refusant, elle ne l'exposât à commettre une faute plus grièvre.

D. — Les exercices de la piété chrétienne, comme la sainte Communion qu'on doit recevoir, suffisent-ils pour autoriser une femme pieuse à refuser son mari?

R. — Non: la vraie dévotion commence toujours par remplir les devoirs de l'état qu'on a embrassé. Cependant l'Apôtre permet aux gens mariés de s'abstenir quelquefois, d'un consentement mutuel, de l'usage du Mariage, pour vaquer avec un esprit plus libre à la prière; mais il les exhorte d'y revenir, pour éviter les tentations de l'esprit immonde. Ajoutons qu'il seroit à souhaiter que les époux qui doivent recevoir la sainte Communion, s'abstinssent, pour une plus grande décence, et par respect pour cet auguste Sacrement, de l'usage du Mariage, quelques jours avant et quelques jours après cette sainte action.

LEÇON VII

Des Règles de la Chasteté conjugale

D. — Les époux sont-ils obligés d'être chastes dans le mariage ?

R. — Oui, ils doivent se souvenir que leurs corps sont les temples de l'Esprit-Saint; qu'ils doivent éviter tout ce qui pourroit les profaner.

D. — Que doivent faire les époux pour éviter la profanation de leurs corps dans l'usage du Mariage ?

R. — Il faut qu'ils s'instruisent des règles de la chasteté conjugale, et qu'ils les observent exactement.

D. — Voulez-vous bien nous apprendre quelles sont ces règles ?

R. — Voici la première : elle a pour objet les motifs que les époux peuvent avoir en usant du Mariage. Elle autorise les uns, comme légitimes; elle rejette les autres, comme ne l'étant pas.

D. — Quels sont les motifs que la chasteté conjugale reconnoît pour légitimes ?

R. — Il y en a trois : le premier, est d'avoir des enfans, lorsqu'il ne se trouve aucun empêchement.

Le second, c'est de rendre le devoir à la partie qui le demande, sans trop examiner quelle raison elle peut avoir de le demander.

Le troisième, c'est de procurer un remède à la concupiscence qui se fait sentir, et d'éviter de tomber dans l'incontinence, ou d'y laisser tomber l'autre conjoint.

D. — Quels sont les motifs que la chasteté conjugale réprouve ?

R. — Voici ceux sur lesquels il est plus ordinaire de se faire illusion.

Le premier, seroit de rechercher uniquement le plaisir charnel qui accompagne l'action du Mariage ; il n'est pas défendu de le goûter, mais il est défendu de se proposer uniquement de le goûter.

Le second, seroit de n'avoir en vue que de contribuer à sa santé, en se déchargeant d'une surabondance d'humeurs, lors même qu'on n'est pas provoqué par la concupiscence.

Le troisième enfin, seroit de se proposer quelque fin que ce puisse être, qui seroit indigne de la sainteté du Chrétien qui a reçu les graces nécessaires pour user saintement de son corps et de celui de son épouse.

D. — Quelle faute commettent les personnes mariées qui se comportent par quelqu'un de ces motifs, contraires à la première règle de la chasteté conjugale dans l'usage du Mariage ?

R. — Elles commettent, selon saint Augustin, *au moins* un péché véniel. Je dis *au moins*; car il pourroit y avoir un péché mortel, à raison des circonstances ; par exemple, si un époux, pour se procurer un plaisir plus vif, s'occupoit volontairement, dans le tems même de l'action, d'une femme étrangère.

D. — N'y a-t-il point d'autres motifs réprouvés par la chasteté conjugale?

R. — Il y en a sans doute ; mais ils sont trop grossièrement vicieux, pour qu'il soit besoin d'en montrer la turpitude et l'indignité.

LEÇON VIII

Sur l'objet de la seconde Règle de la Chasteté

D. — Quel est l'objet de la seconde règle de la chasteté conjugale?

R. — Ce sont les préparations à l'acte du Mariage.

D. — Ces préparations sont-elles permises?

R. — Oui, les époux peuvent se permettre tout ce qui est nécessaire pour parvenir à la consommation du commerce charnel.

D. — La chasteté conjugale condamne-t-elle quelque chose en ce genre?

R. — Oui, elle défend tout ce qui ne seroit employé que pour flatter la cupidité, et pour faire durer plus long-tems le sentiment du plaisir.

D. — Ce qui est permis au mari, l'est-il également à la femme?

R. — Oui, les droits sont ici réciproques; seulement la femme doit se souvenir que la modestie doit être un des principaux apanages des personnes de son sexe.

D. — Les époux peuvent-ils continuer, après l'action du Mariage, ce qu'ils avoient commencé de faire avant pour s'y préparer?

R. — Non : il ne leur est plus permis de faire alors autre chose, que ce qu'ils peuvent faire en tout tems pour se donner l'un à l'autre des marques particulières d'amitié.

D. — Les époux n'ont-ils rien à craindre, ni avant, ni après l'action du mariage?

R. — Ils doivent être extrêmement attentifs à éviter tout ce qui pourroit, hors l'action même, les faire tomber dans l'incontinence, chacun dans leur particulier.

D. — Ces sortes d'incontinences, ou de distillations de semences, occasionnées par les préparations trop longues, trop vives, trop continuelles, les rendroient-elles coupables?

R. — Oui, et coupables de péché mortel, à moins qu'elles n'eussent pu être prévues, et qu'elles ne dussent être regardées comme des surprises involontaires. Mais il n'appartient qu'aux Confesseurs d'expliquer plus en détail ces articles, et de décider toutes les questions qui peuvent être faites sur ce sujet.

LEÇON IX

Sur l'objet de la troisième Règle de la Chasteté conjugale

D. — Quel est l'objet de la troisième règle de la chasteté conjugale?

R. — C'est la posture dans laquelle doivent se mettre les personnes qui se rendent l'une à l'autre le devoir conjugal.

D. — Quelle est cette posture?

R. — La nature l'indique assez, sans qu'il soit besoin de s'en expliquer dans des termes qui ne paroîtroient peut-être pas assez décens dans notre Langue.

D. — Toute autre posture est-elle défendue?

R. — Oui : si quelque incommodité considérable, telle qu'une hernie, ne force les époux d'en user autrement.

D. — Peut-on pécher mortellement en

transgressant cette règle de la chasteté conjugale ?

R. — Oui, et on le fait toutes les fois qu'on se met hors d'état de consommer l'action, ou en danger de répandre la semence hors le vase destiné à la recevoir.

D. — Un Confesseur peut-il refuser l'Absolution aux époux qui ne changent de posture dans l'acte du Mariage, que par le désir de se procurer une plus grande satisfaction ?

R. — Non-seulement il le peut, mais encore il le doit ; c'est toujours un désordre que la nature et la raison condamnent : le motif du plaisir pourroit-il le justifier ? Mais nous laissons volontiers aux Confesseurs le soin pénible et humiliant d'instruire plus à fond, sur cette matière, les personnes mariées, et d'entrer dans le détail des circonstances qui diminuent ou aggravent les fautes qui se commettent trop ordinairement dans cette occasion.

D. — Les femmes ont-elles quelques mesures particulières à garder par rapport à cet objet ?

R. — Oui, elles doivent demeurer pendant

quelques instans dans la même posture, après que leur mari s'est retiré d'avec elles.

D. — Pèchent-elles en ne le faisant pas ?

R. — Oui, surtout si elles ont quelque mauvaise intention, comme il leur arrive quelquefois.

LEÇON X

Sur les autres objets des Règles de la Chasteté conjugale

D. — Quels sont les derniers objets des règles de la chasteté conjugale?

R. — Ce sont les circonstances de la personne, du tems et du lieu.

D. — Quelle règle la chasteté conjugale prescrit-elle par rapport à la circonstance de la personne?

R. — Elle demande qu'un mari traite sa femme avec décence, avec honnêteté, avec modération : elle condamne, dans les époux chrétiens, cette brutalité qui accompagne les adultères, les fornicateurs dans leurs débauches ; il n'est pas besoin d'insister plus longtems sur cet objet.

D. — Quelle règle la chasteté conjugale prescrit-elle par rapport à la circonstance du tems?

R.—Elle veut que les époux s'abstiennent, non-seulement de l'usage du Mariage, mais encore des caresses et de toutes les privautés qu'ils ne pourroient se permettre, sans blesser les yeux et salir l'imagination de ceux et de celles qui en seroient témoins.

D. — Permet-elle d'user du Mariage en tout tems?

R. — Oui, le jour et la nuit, avec les précautions que la bienséance et la modestie prescrivent. Les besoins peuvent se faire sentir à toutes les heures, et il vaut mieux que les époux aient recours à l'acte du Mariage, comme au remède de leur concupiscence le plus prompt et le plus sûr, que de s'exposer, en différant, à tomber dans l'incontinence; ils y sont même obligés, s'ils ne peuvent autrement éviter ce malheur.

D. — Ce qui vient d'être dit est-il également vrai pour les femmes comme pour les hommes?

R. — Oui, et c'est ce qu'il faut faire entendre aux jeunes femmes sur-tout, qui, par une pudeur mal entendue, n'osent demander le devoir conjugal à leur mari et se polluent.

D. — La chasteté prescrit-elle encore des règles à observer par rapport à la circonstance du lieu?

R. — Oui, et il seroit à souhaiter qu'elles fussent mieux observées.

D. — Dites-nous ce qu'il faut faire pour les bien observer.

R. — Le voici : les époux, autant qu'il est possible, doivent coucher dans des appartemens séparés et dans des lits fermés de rideaux; s'ils sont obligés de coucher dans des appartemens communs, ils doivent prendre les plus grandes précautions pour empêcher que ceux ou celles qui sont couchés dans le même appartement ne s'apperçoivent de ce qui se passe entr'eux. Ils ne doivent jamais admettre personne dans leur lit, pas même les enfans qui auroient cinq ou six ans : ceux qui le font, péchent grièvement; leur excuse ordinaire, c'est qu'ils choisissent le tems où ces enfans dorment; mais cette excuse est vaine et frivole pour bien des raisons qu'il seroit trop long de détailler ici.

D. — Mais comment faire quand on n'a pas le moyen d'avoir des lits?

R.—Il vaut mieux que les enfans souffrent toutes les suites de cette disette, que d'être exposés à avoir dès lors leur imagination et leurs sens gâtés, comme il arrive si souvent; ce motif, bien médité, seroit capable d'intéresser la charité publique envers les familles réduites à cette triste extrémité.

Il paroît assez inutile d'avertir les époux qu'il ne leur est jamais permis d'user du Mariage dans les lieux spécialement consacrés au culte divin.

LEÇON XI

Sur les Prétextes qu'on peut alléguer pour refuser le Devoir conjugal, ou se dispenser de le demander.

D. — Le tems des règles n'autorise-t-il point les femmes à refuser alors le devoir conjugal à leurs maris?

R. — Non : elles peuvent seulement représenter alors l'état où elles se trouvent; mais elles peuvent et elles doivent consentir, si elles sont pressées.

D. — Le commerce charnel n'étoit-il pas alors défendu dans l'ancienne Loi?

R. — Oui, il n'étoit pas permis aux maris d'exiger le devoir conjugal de leurs épouses dans la circonstance de leurs règles, mais cette défense ne subsiste plus dans la Loi de grace. Le motif qui l'avait fait porter a cessé; ce n'étoit qu'un précepte légal, qui a été abrogé comme les autres.

D. — Le commerce charnel n'est-il point sujet alors à des inconvéniens ?

R. — Il peut être plus incommode à la femme, et la condescendance que le mari doit avoir pour elle, peut l'engager à lui épargner ce surcroît de peines ; mais l'expérience apprend, et les Médecins enseignent, qu'il n'y a point à craindre que les enfans qui naîtroient de conjonctions faites dans cette circonstance, soient mal constitués ou défigurés.

D. — La grossesse d'une femme ne l'autorise-t-elle point à refuser le devoir conjugal ?

R. — Non : le plus grand nombre des maris auroit bien de la peine à se contenir pendant tout le tems d'une grossesse décidée ; il faut avoir égard à leurs besoins, plus fréquens, plus pressans ordinairement que ceux des femmes : seulement ils sont obligés de prendre des précautions pour ne pas accabler leurs épouses, déjà assez gênées par les incommodités qui accompagnent leurs grossesses.

D. — Les couches encore récentes des femmes ne leur fournissent-elles point une raison suffisante pour se dispenser de rendre le devoir conjugal ?

R. — Non : en vain prétextent-elles les accidens qu'il y auroit à craindre alors ; ces accidens n'existent que dans l'imagination de certaines gens. En vain en appelleroient-elles aux peines qu'elles auroient à essuyer ; elles prouveroient seulement que l'action du Mariage peut leur devenir fâcheuse et incommode, mais point du tout qu'il leur est permis de s'y refuser. Alors elles doivent encore une fois se souvenir qu'en s'engageant dans l'état du Mariage, elles se sont assujetties à toutes ces tribulations ; elles doivent se souvenir qu'elles sont Chrétiennes ; qu'elles doivent aimer leurs maris en Dieu et pour Dieu ; elles doivent donc mieux aimer et souffrir ces peines, que de les exposer à l'incontinence et au péché mortel.

D. — Les femmes qui allaitent leurs enfans peuvent-elles se servir de cette raison pour refuser le devoir conjugal ?

R. — Non : mais dès qu'elles s'apperçoivent d'être enceintes, elles doivent cesser d'allaiter leurs enfans, pour ne les pas tromper ;

cette obligation s'étend, et à plus forte raison, aux Nourrices des enfans étrangers.

D. — Les femmes peuvent-elles se dispenser de demander le devoir conjugal, par la crainte qu'elles ont que leurs maris ne les soupçonnent d'être trop luxurieuses, quoiqu'elles courent risque de tomber dans l'incontinence ?

R. — Non : cette crainte est trop mal fondée ; ce soupçon seroit une injustice de la part des maris, dont la charité ne leur permet pas de les croire capables ; l'expérience apprend qu'une jeune personne à qui il étoit très-facile de se contenir avant le Mariage, et qui avoit toujours été sage, ne le peut plus qu'assez difficilement, une fois mariée, et après avoir goûté les plaisirs du Mariage.

LEÇON XII

Sur les Péchés que commettent les Gens mariés

D. — Les époux pèchent-ils grièvement en se refusant l'un à l'autre le devoir conjugal par esprit de vengeance, par caprice, par mauvaise humeur, etc. ?

R. — Oui : ils manquent à un devoir de justice que le Sacrement de Mariage leur impose ; ils oublient l'engagement solennel qu'ils ont pris à la face du Ciel et de la Terre. Ils se rendent comptables à l'Église et à la société.

D. — L'ignorance où ils étoient, quand ils se sont mariés, de la plupart des assujettissemens auxquels ils se trouvent engagés, n'excuse-t-elle point une grande partie des fautes qu'ils peuvent commettre ?

R. — Non : il n'est pas besoin de sçavoir en détail les devoirs particuliers d'un état, d'une profession, pour être obligé de les remplir, quand une fois on s'y trouve engagé.

D. — L'âge, la foiblesse du tempérament, les indispositions légères, tout cela ne doit-il point excuser, ou du moins diminuer les fautes qu'on commet?

R. — Non, parce qu'on a dû s'attendre à toutes les charges qui accompagnent le Mariage, en embrassant cet état, et l'on doit être disposé à les porter, autant qu'il seroit possible; il n'arrive que trop souvent qu'on se trompe dans les idées qu'on se forme quand il s'agit de se marier : le seul remède à ces erreurs, c'est la patience. Il n'y a que des maladies très-sérieuses qui puissent justifier le refus du devoir conjugal.

D. — Le grand nombre des enfans, joint à la médiocrité de la fortune, et même à la pauvreté, ne suffit-il point pour se dispenser de l'usage du Mariage?

R. — Non, à moins que ce ne soit d'un consentement libre et réciproque que les époux se séparent de lit. Il ne faut le conseiller qu'avec beaucoup de maturité, et après avoir bien examiné les dispositions des conjoints ; il ne faut jamais le permettre aux jeunes gens ; il faut quelquefois le défendre formellement : la Providence est chargée de fournir des moyens de subsistance aux enfans des pauvres : elle prend plaisir à bénir leurs familles, pendant que celles des riches périssent.

D. — Quelle peut être la cause de cette différence ?

R. — Assez souvent la crainte d'avoir un grand nombre d'enfans ; on ne veut pas faire des gueux, et le Seigneur qu'on perd de vue, punit ces sentimens défavorables à la population, à la société, à sa providence, en arrêtant la lignée de ces riches orgueilleux, comme il frappa autrefois de stérilité Michol, femme de David. Quelquefois aussi cette différence vient de la délicatesse trop grande et de la faiblesse du tempérament des Dames.

D. — Cette disposition de ne point vouloir avoir un grand nombre d'enfans, ne produit-elle point encore d'autres mauvais effets ?

R. — Oui, elle occasionne le libertinage, plus ordinaire, proportion gardée, parmi les gens accommodés des biens de la fortune, que parmi les personnes pauvres, ou d'une fortune bornée.

D. — Quel seroit le remède qu'on pourroit apporter à ce désordre ?

R. — Il faudroit s'abandonner aux loix d'une sage Providence, mettre sa confiance en elle, surmonter les répugnances qu'on éprouve assez souvent dans l'état du Mariage; craindre d'offenser le Seigneur, et de s'attirer les terribles châtimens qu'il exerça autrefois contre Sur et Onam ; accepter, en esprit de pénitence, toutes les peines inséparables de l'état du Mariage.

LEÇON XIII

De la troisième Fin du Mariage

D. — Quelle est la troisième fin du Mariage?

R. — C'est de procurer des secours mutuels que chacun des conjoints ne pourroit pas se flatter de trouver en demeurant libre et célibataire.

D. — Cette fin est-elle juste et légitime?

R. — Oui, quoique moins parfaite que les deux autres : l'Église, en permettant les secondes, les troisièmes noces, est censée l'approuver.

D. — Comment doivent se comporter les personnes qui reconnoissent qu'elles ne peuvent consommer le Mariage?

R. — Elles doivent, après le tems que l'Église leur accorde pour s'éprouver, vivre ensemble comme frères et sœurs; mais elles ne doivent prendre ce parti, qu'après avoir consulté un Confesseur bien instruit et très-prudent.

D. — L'impuissance de consommer le Mariage peut-elle quelquefois le rendre nul ?

R. — Oui, quand il n'y a aucune espérance qu'elle cessera.

D. — Faut-il inquiéter les époux qui, après avoir donné des enfans à l'Église, n'ont plus la force de consommer le Mariage, toutes les fois qu'ils le voudroient ?

R. — Non : ils peuvent demeurer tranquilles ; mais il seroit à souhaiter qu'ils prissent eux-mêmes le parti de garder la continence, en conservant toujours l'union de leur cœur avec celui de leur épouse, union infiniment plus précieuse que celle des corps.

D. — Quels moyens peuvent-ils employer pour y réussir ?

R. — Le premier est un esprit de paix qui doit régner dans une famille chrétienne ; le second est une patience à toute épreuve pour supporter les infirmités de l'âge et de la vieillesse ; le troisième, une douceur inaltérable, si recommandée par notre divin Sauveur ; le quatrième est un souvenir habituel que l'union qui subsiste entre eux et leurs épouses, formée par le Sacrement de Mariage, doit être l'expression et la représentation de l'union de Jésus-Christ avec son Église.

LEÇON XIV

Des Sentimens que doivent avoir les Femmes et les Maris les uns pour les autres

D. — Comment les femmes doivent-elles contribuer au bonheur de la société conjugale ?

R. — C'est principalement par les bons sentimens dont elles doivent être pénétrées à l'égard de leurs maris.

D. — Quels sont ces sentimens ?

R. — Le premier est un sentiment de respect ; elles doivent regarder leurs maris comme leurs chefs, et leur en donner des preuves sensibles dans toutes les occasions qui se présentent : oui, tout le détail de leur conduite doit être extrêmement respectueux ; les plus vertueuses femmes de l'Ancien et du Nouveau Testament leur en ont donné l'exemple ; elles ne peuvent s'écarter de ce sentiment et de cette conduite respectueuse, sans se rendre coupables, et Dieu punit ordinairement leur hauteur et leur fierté dès cette vie.

Le second est un sentiment d'affection, de tendresse et de bienveillance, qui les porte à leur rendre tous les services spirituels et corporels qui dépendent d'elles; à leur procurer tous les sujets de joie et de contentement qui sont à leur disposition : elles doivent encore redoubler de soins, d'attention et d'empressement, dans les circonstances des accidens, des infirmités, des maladies auxquelles l'humanité est sujette.

Le troisième est un sentiment de courage et de générosité pour supporter, sans se plaindre, sans murmurer, tous les défauts auxquels leurs maris peuvent être sujets; il faut qu'elles ménagent leur réputation, et qu'elles n'en parlent jamais qu'en bons termes.

Le quatrième est un sentiment de Religion, qui doit leur faire supporter, en esprit de pénitence, tous les mauvais traitemens qu'elles peuvent recevoir de leurs maris, et les leur faire mettre au pied de la Croix du Sauveur. C'est là qu'elles doivent aller répandre leur cœur affligé ; c'est-là qu'elles peuvent espérer de trouver une vraie consolation : toutes celles qu'elles chercheroient dans les créatures, ne pourroient être que des consolations onéreuses, et qui, bien loin de les soulager, ne feroient qu'aggraver leurs maux.

Le cinquième est un sentiment de charité et de zèle, qui les porte à s'intéresser vivement au salut éternel de leurs maris ; qui les fait travailler à leur conversion, s'ils sont vicieux ; qui les aide à se sanctifier de plus en plus, quand ils sont déjà justes.

D. — Quels sont les sentimens que les maris doivent avoir pour leurs épouses ?

R. — Le premier est un sentiment d'amitié et d'attachement. Ils doivent les aimer tendrement ; l'Apôtre le leur recommande en termes formels ; et pour les y engager plus fortement, il leur propose l'exemple de l'amour que Jésus-Christ a pour son Église : amour tendre, amour généreux, amour confiant ; jusqu'où cette règle ne conduira-t-elle point les époux chrétiens qui voudront l'observer ?

Le second est un sentiment d'estime ; ils

doivent reconnoître les bonnes qualités qui se trouvent en elles, rendre justice à leurs talens : ils ne doivent point chercher à les déprimer, à les confusionner ; mais aussi ils doivent prendre garde de flatter leur vanité, et de leur donner occasion de se prévaloir et de manquer à l'obéissance et à la soumission qui doivent faire leur principal caractère.

Le troisième est un sentiment de condescendance ; ils ne doivent pas exiger leurs droits dans toute la rigueur ; cette dureté ne pourroit manquer de troubler la paix et la tranquillité du lien conjugal.

Le quatrième est le support qu'ils doivent avoir pour leurs défauts, leurs foiblesses, leurs infirmités. Ils doivent se rappeler de tems en tems, que leur sexe leur donnant naturellement plus de force et de solidité, ils doivent user d'indulgence ; que le Seigneur demandera plus à ceux à qui il a donné davantage.

Le cinquième est un sentiment de justice : il faut qu'ils accordent à leurs femmes tout ce qui leur est nécessaire pour la nourriture, le vêtement, l'entretien, selon leur état et leur condition ; ils ne doivent jamais exiger d'elles ce qu'elles ne pourroient leur accorder sans blesser leur conscience, et sans offenser le Seigneur.

Le sixième est un sentiment de zèle pour leur sanctification. Le mari infidèle, dit l'Apôtre, est sauvé par la femme fidèle ; la femme infidèle et vicieuse peut également être redevable au mari fidèle et zélé pour la gloire de Dieu, de son salut ; il ne doit jamais s'opposer à ce qu'elle remplisse les devoirs de la piété chrétienne. Il doit, au contraire, à l'exemple de Job et de Tobie, l'animer, l'encourager au service de Dieu, la soutenir par ses discours, par ses exhortations, par ses bons exemples ; s'il est quelquefois obligé de lui faire des réprimandes, ce doit toujours être dans un esprit de douceur, et avec un désir sincère de la corriger de ses défauts, et non point précisément de la molester.

LEÇON XV

Sur les Réflexions qu'on peut faire d'après ce qui a été dit jusqu'ici

D. — Quelles sont les réflexions qu'on peut faire sur tout ce qui est enseigné dans ce Catéchisme ?

R. — La première, c'est qu'il se trouve beaucoup de personnes, dans les Villes et dans les Campagnes, engagées dans l'état du Mariage, qui ne s'imaginent pas avoir à remplir des devoirs si étendus et en si grand nombre ; qui ignorent absolument quelles sont les règles de la chasteté conjugale, combien il est facile de se rendre grièvement coupable en les transgressant ; qui ne veulent pas faire attention que l'ignorance dans laquelle elles vivent sur tous ces articles, ne peut les excuser entièrement devant Dieu, parce qu'elles n'ont pas dû entrer dans le Mariage, sans être au moins dans la disposition de se faire instruire de ce qui alloit leur être permis ou défendu : parce que, en un mot, elle n'est pas invincible, puisqu'elles ont pu ou dû s'instruire.

Seconde réflexion. Il se trouve, dans les Villes comme dans les Campagnes, beaucoup de personnes mariées qui éprouvent des difficultés, des inquiétudes, des embarras extrêmes de conscience, dans ce qui regarde l'usage du Mariage. Elles sentent, quoique confusément, que tout ne leur est pas permis : mais comment pouvoir s'éclairer ? comment s'expliquer sur cette matière ? à qui faut-il qu'elles s'adressent ?

Les renvoyer aux Médecins, aux Chirurgiens ? Elles n'en ont pas toujours l'occasion et la facilité. D'ailleurs combien à qui une certaine honte ne peut permettre ce parti ? Combien, quand elles le prendroient, n'y trouveroient pas toute l'instruction qui leur seroit nécessaire ?

Les renvoyer aux Livres qui traitent de ces sortes de matières ? Mais plusieurs sont écrits dans une Langue qui leur est étrangère. Il faudroit des dépenses considérables pour se procurer ceux qui traitent ces sortes de matières dans notre Langue naturelle. Il faudroit plus de tems, plus de moyens, plus d'intelligence, plus de discernement que ne s'en trouve dans un grand nombre de ces sortes de personnes : et combien à qui cette voie est entièrement impossible ?

Il ne reste donc que la voie des Confesseurs. Ceux-ci sont donc obligés de s'instruire par la lecture de l'Ecriture Sainte, des Peres de l'Eglise, des Docteurs de l'Ecole, et quelquefois des Auteurs en Médecine. Cette étude, quelque désagréable qu'elle puisse être, leur est donc nécessaire. Ce n'est que par-là, qu'ils peuvent se mettre en état de rendre aux personnes dont nous parlons, le service de charité dont elles ont besoin. Sans ce secours elles demeureront dans leurs perplexités, dans leurs embarras, dans leurs peines de conscience, peut-être jusqu'à la mort. On le sent assez.

Mais ce qu'on ne sent peut-être pas également, c'est que ce moyen devient assez souvent inutile : 1°. Parce que la plupart des maris s'imaginent que tout leur est permis, et ne pensent point à consulter. Ils ne peuvent se persuader qu'un Confesseur ait droit d'entrer dans la discussion de ces sortes de matières. Ils paroissent se scandaliser, s'il arrive qu'on vienne à leur en parler au Tribunal de la Pénitence.

2°. Les femmes, par un principe de pudeur, de modestie, de honte, n'osent déclarer leur inquiétude. Elles attendent qu'un Confesseur leur en parle le premier. Il n'est point rare d'en trouver après plusieurs années de Mariage, et une infinité de fautes, qui répondent froidement à un Confesseur qui a la charité de les interroger sur l'article de la chasteté conjugale, qu'elles ne se sont jamais accusées des fautes qu'on leur reproche, parce que leurs Confesseurs précédens ne les ont jamais interrogées là-dessus.

3°. Les Confesseurs eux-mêmes craignent quelquefois qu'on ne les soupçonnât de curiosité, et de quelque chose encore pis, s'ils se permettoient de faire des questions, et d'entrer dans quelques détails : ils se contentent de demander à leurs pénitens et à leurs pénitentes, s'ils n'ont rien à se reprocher sur l'article du Mariage ; et comme on ne manque guères de leur faire une réponse négative, ils s'en tiennent là, et n'osent faire aucune question ultérieure.

Cependant le célèbre Gerson, Chancelier de l'Université de Paris, et d'après lui les Théologiens Moralistes enseignent, conformément à l'expérience, que les pénitens de l'un et de l'autre sexe ne s'accuseront jamais exactement de toutes leurs fautes sur le sixième Commandement et sur le Mariage, si les Confesseurs ne les interrogent selon les règles de la prudence, et ne les aident à s'expliquer.

C'est sur ce principe, que des Confesseurs qui n'ont en vue que la gloire de Dieu, que la tranquillité des consciences, que le salut des ames, que le bien de la société, se font un devoir, sans s'embarrasser de ce qu'on pourra dire ou penser sur leur compte, d'interroger et d'instruire leurs pénitens au confessionnal sur ces matières importantes. Ils ne doutent point que le Dieu de toute bonté, qui voit la pureté de leurs motifs, ne leur accorde les graces dont ils ont besoin pour remplir ce ministère, le plus critique et le plus désagréable de tous ceux dont ils sont chargés.

Une troisième réflexion. C'est donc une erreur dangereuse, de croire que tout est permis dans le Mariage ; que les époux n'ont d'autre règle à garder entre eux, que celle que leur dicte la nature corrompue. Sur et Onam étoient mariés ; mais parce qu'ils ne se comportoient pas avec leurs épouses selon qu'ils le devoient, ils furent frappés de mort subite par le Seigneur, nous dit l'Ecriture. Cet exemple de sévérité ne devroit-il point faire trembler tous ceux qui se rendent coupables du même crime qu'ils commettoient ? Pourroient-ils refuser de convenir, s'ils vouloient y réfléchir sérieusement, qu'ils ont des devoirs à remplir, relatifs aux fins de l'état qu'ils ont embrassé, et conformes aux règles de la chasteté conjugale ; qu'ils ne peuvent en conscience, et sous peine de damnation, se dispenser de s'en acquitter. Il faut donc qu'ils en soient instruits ; qu'ils les connoissent : ils ne le peuvent guères que par le ministère des Confesseurs. Ils ne doivent donc pas trouver mauvais qu'ils les interrogent ; cette conséquence est juste.

Une quatrième réflexion. Si tout ce qui

a été dit jusqu'ici est vrai, comme on n'en peut douter, c'est une triste nécessité d'en conclure que le Mariage est, de tous les Sacrements de la nouvelle Loi, le plus souvent et le plus indignement profané. Avant de le contracter, ce n'est qu'une affaire de politique, d'intérêt de famille, de goût, d'inclination, de passion ; la Religion n'y entre que pour le cérémonial. On ne pense point à consulter le Seigneur ; on ne se met point en peine de purifier sa conscience par une bonne Confession, pour le recevoir en état de grace. Après qu'il est contracté, ce n'est plus qu'une affaire de plaisir, d'humeur, de caprice, et trop souvent une occasion de libertinage, de dissension, de troubles, de scandales. La société fournit des preuves frappantes de toutes ces assertions, et justifie assez les vues qu'on s'est proposées en rendant cette Instruction publique.

D. — Indiquez-nous quelques remèdes contre tous ces maux.

R. — Les voici.

1°. Les jeunes personnes qui pensent à se marier, doivent commencer par se mettre dans le cas d'une sainte indifférence ; prêtes à suivre la volonté de Dieu, dès qu'elle leur sera connue.

2º. Elles doivent, pour obtenir la grace de la connoître, cette divine volonté, la demander par de ferventes prières, et par toutes les autres bonnes œuvres qui sont à leur disposition.

3º. Elles doivent s'adresser à un Confesseur instruit, prudent, désintéressé, lui faire part de leur dessein, lui faire connoître leurs dispositions ; le prier de consulter Dieu, et de les décider sur le choix qu'elles ont à faire.

4º. Elles doivent attendre sa décision et la suivre exactement.

5º. Elles doivent se faire instruire de toutes leurs obligations, relatives au Mariage. Si la prudence ne permet pas au Confesseur de le faire avant le Mariage, il faut qu'elles retournent le trouver, le plutôt possible, après être mariées ; qu'elles reçoivent ses instructions avec docilité, avec action de graces, avec la ferme résolution de s'y conformer.

Enfin, elles doivent mettre en pratique l'enseignement de ce petit Catéchisme.

EXHORTATION

C'est pour vous, Époux chrétiens, que j'ai travaillé ce petit Ouvrage : lisez-le, je vous en conjure, mais lisez-le dans le même esprit qui me l'a fait composer : lisez-le avec un cœur humble, chaste, docile : lisez-le avec toute l'attention dont vous êtes capables : lisez-le avec un désir sincère d'en faire la règle de vos sentimens et de votre conduite. Si vous y trouvez quelque chose, en le lisant, que vous ne compreniez pas assez, demandez-en l'explication à un Confesseur pieux, instruit et zélé. Si cette lecture vous fait connoître que vous avez eu le malheur de faire des fautes contre les règles de la chasteté conjugale, humiliez-vous-en profondément; allez au plutôt vous en accuser avec sincérité au Tribunal sacré de la Pénitence; qu'une mauvaise honte ne vous arrête et ne vous ferme point la bouche. Si vous avez été assez heureux pour vous conserver exempts de tous les péchés qui se commettent contre la sainteté du Sacrement de Mariage; si vous reconnoissez que vous avez rempli fidèlement tous les devoirs qu'il impose aux personnes qui le reçoivent, rendez-en de très-humbles actions de graces au Dieu des miséricordes : continuez à vous conserver dans la chasteté de votre état. Pratiquez toutes les vertus qui peuvent le plus contribuer à vous y sanctifier et à vous mériter la gloire éternelle.

FIN.

TABLE

Préface 1
Leçon première. Du Mariage 1
— ii. Des principales Fins de l'état du Mariage 3
— iii. Des obstacles à la Génération . 6
— iv. Sur la Foi conjugale 10
— v. Sur le Devoir des Femmes enceintes, et devenues mères. . 14
— vi. De la seconde Fin du Sacrement de Mariage. 19
— vii. Des Règles de la Chasteté conjugale. 23
— viii. Sur l'objet de la seconde Règle de la Chasteté. 26
— ix. Sur l'objet de la troisième Règle de la Chasteté conjugale. . . 28
— x. Sur les autres objets des Règles de la Chasteté conjugale. . . 31
— xi. Sur les Prétextes qu'on peut alléguer pour refuser le Devoir conjugal, ou se dispenser de le demander. 35

LEÇON XII. Sur les Péchés que commettent les Gens mariés. 39

— XIII. De la troisième Fin du Mariage 43

— XIV. Des Sentimens que doivent avoir les Femmes et les Maris les uns pour les autres . . . 46

— XV. Sur les Réflexions, qu'on peut faire d'après ce qui a été dit jusqu'ici 57

EXHORTATION 59

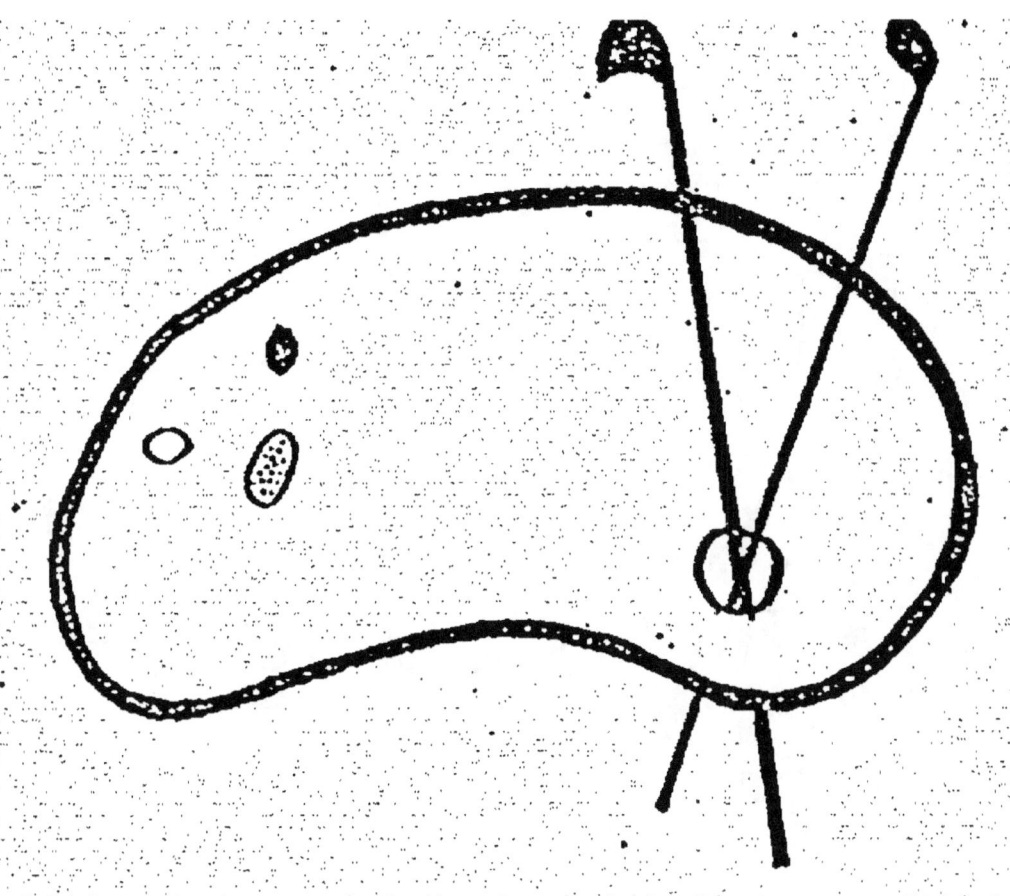

ORIGINAL EN COULEUR
NF Z 43-120-8

www.ingramcontent.com/pod-product-compliance
Lightning Source LLC
LaVergne TN
LVHW051456090426
835512LV00010B/2168